LE

# DESSERT D'UN FÉODAL ;

DIALOGUE

## SUR LE DROIT D'AINESSE.

PARIS. — IMPRIMERIE DE FAIN, RUE RACINE, N°.4,
PLACE DE L'ODÉON.

# LE
# DESSERT D'UN FÉODAL,

DIALOGUE

## SUR LE DROIT D'AINESSE,

PAR L'AUTEUR

## DU SALON DE MONDOR.

Un frère, en serrant la main d'un frère,
lui désirera la mort.

C***.

## PARIS.

IMBERT, LIBRAIRE, QUAI DES AUGUSTINS,
N°. 35.
SANSON, LIBRAIRE, PALAIS-ROYAL,
GALERIE DE BOIS.

———

## 1826.

# LE
# DESSERT D'UN FÉODAL;

## DIALOGUE

## SUR LE DROIT D'AINESSE.

---

Lᴀ scène se passe chez M. le comte des Créneaux. Ce noble seigneur, riche de trente-trois beaux quartiers de noblesse bien comptés, accompagnés de cent mille fr. de rente, est à table, avec madame la comtesse, son épouse ; trois de ses fils en bas âge, et plusieurs marquis, comtes et barons, la fleur de la noblesse, du faubourg des Immobiles.

Jasmin, valet de chambre du comte, vient annoncer monsieur le baron de la Tour du Nord. A ce nom, vraiment féodal, lequel nous rappelle, avec éclat, les plus beaux souvenirs des douze et treizième siècles, où sa noble origine va puiser la splendeur de son illustre source, toute l'honorable assemblée, électrisée par la magie de ces puissans souvenirs qui font battre tous les cœurs d'ivresse et de joie, se lève spontanément pour se porter au-devant des pas du haut baron.

Tous les hommes se précipitent en foule à sa chère

rencontre ; les dames , retenues par la décence et la modestie , volent aux croisées , afin de jouir plus tôt de l'agréable vue de ce célèbre champion de la féodalité.

La comtesse des Créneaux , qui la première a atteint une croisée , s'écrie avec l'accent de la joie :

« Ah ! mesdames, victoire ! livrons-nous aux plus flatteuses espérances ; c'est du délicieux que le cher baron nous apporte, car le voilà étendu dans la boue...

« — Dans la boue...! ô ciel ! grand Dieu ! est-il possible !» s'écrient à la fois toutes les bouches féminines, avec l'accent de la terreur et de l'effroi, comme le lecteur judicieux l'a déjà pensé : deux ou trois même ont envie de se trouver mal, pour faire de l'effet ; mais la comtesse des Créneaux ne leur permet pas cette explosion de sensibilité, en ajoutant avec vivacité : « Daignez, mesdames, calmer l'épouvante qui se peint dans vos yeux et chasser vos alarmes ; le noble baron vient de tomber, il est vrai, mais c'est la joie qui l'a jeté dans la boue... L'émotion qui le possède et l'agite, est tellement grande, qu'elle centuple sa vivacité ordinaire, et lui a fait mettre tant de précipitation en descendant de son équipage , que le voilà couché sur le pavé.....

« — Ah! ce très-cher baron, s'écrient avec un élan superbe de sensibilité toutes les nobles dames, de

quelles brillantes nouvelles ne doit-il pas être chargé, puisque...! » Mais pendant qu'on s'apitoïe sur
sa chute au salon, et qu'on verse presque des larmes sur sa triste aventure, le baron, vif et leste
comme un écureuil, à peine a-t-il touché la
terre avec son noble front, qu'il reprend une nouvelle énergie et sent ses veines s'enfler d'une nouvelle vigueur; voilà sa maigre échine dressée sur
ses jambes de cerf, son illustre front enrichi d'une
très-belle bosse, et en deux sauts il s'est élancé, se-
couru par l'agilité de ses jambes, dans le salon,
au beau milieu de l'assemblée.

« Vivat! vivat! belle comtesse, » s'écrie-t-il, dans
un transport de joie que nulle langue ne saurait
rendre, en imprimant ses lèvres desséchées sur la
main charmante et potelée que cette dame daigne
lui présenter avec grâce et noblesse tout à la fois

« Recevez mes hommages et mes sincères félicitations; deux de vos fils sont ruinés !...

« — Ruinés !... » s'écrie la comtesse avec étonne-
ment et effroi, en ouvrant de grands yeux, ainsi
que toute l'honorable assemblée, qui fait chorus
d'exclamations; et aussitôt le noble et haut baron
se trouve enfermé et pressé dans une enceinte
étroite de personnages, qui tous attachent sur lui
des bouches béantes, et des yeux étonnés, en l'in-
terpellant vivement, tous à la fois, pour mieux

s'entendre , par des « Comment ? expliquez-vous !
est-il possible ? que voulez-vous dire ?

« — Je veux d'abord qu'on se taise, » reprend le
baron , en faisant ses efforts pour se dégager des
bras qui le pressent et l'étouffent , et avec un mouvement de colère très-prononcé de ce qu'on ne
laisse pas son éloquence se développer en toute
liberté ; et en proférant ces mots , d'une voix
éclatante , parvenu à écarter la foule , le voilà
élancé sur un fauteuil qu'il trouve près de lui ,
et ainsi perché et dominant la tumultueuse assemblée, il continue , avec l'emphase d'un orateur
improvisé , qui lit à la tribune un discours que
son éloquence a acheté à prix d'or.

« Silence ! de grâce , messieurs et dames , car,
d'honneur, vous faites plus de bruit et de tapage ,
entre vous douze , que nous autres députés quand
nous crions tous ensemble , de manière à nous en-
rouer et nous époumonner , *l'ordre du jour, aux
voix , aux voix*, pour sceller la bouche à la raison,
quand cette sotte bégueule , escortée du bon sens ,
nous embarrasse et foudroie nos raisons par la vive
éloquence dont elle enflamme la faible poignée de
nos adversaires , qui défendent , avec l'intrépidité
des lions , les lambeaux de cette pauvre Charte,
qu'ils serrent sur leurs cœurs , avec la brûlante
énergie d'une mère, à laquelle on veut ravir les
fruits de ses plus chers amours. »

Tandis que le baron est occupé à reprendre un peu haleine, après cette belle et longue phrase, ne serait-il pas dans l'ordre, monsieur et cher lecteur, si tant est que j'en ai, que je vous esquisse son portrait? A moi, Charlet! fidèle peintre de nos mœurs, viens m'inspirer, et daigne me confier quelques instans ton crayon si brillant et si original, et vrai comme la nature! Voyez-vous le personnage? riche taille, noble et élevée de cinq pieds huit pouces; arrogant et fier, comme un haut baron, riche de quarante-sept quartiers et demi de la plus belle noblesse, et trois fois plus sec que ses parchemins; œil imposant, hautain et plein de mépris, surtout quand il tombe sur un plébéien; téte longue d'une aune, demi-pied de nez, bouche circulaire jusqu'aux oreilles, garnie en entier d'un ratelier artificiel; teint basané (car le baron, intrépide chasseur, livre sans cesse un combat à mort aux habitans paisibles des forêts, pour entretenir son humeur belliqueuse, quand la tribune ne réclame pas les trésors de son éloquence), portant perruque frisée et poudrée avec une large bourse, qui lui couvre la moitié des épaules; habit à la française, mode à la Louis XIV; six paires de bas pour donner à ses fuseaux de jambes, un air tant soit peu respectable, et une épée vierge pendant à son côté et relevant avec grâce et gentillesse la basque de son habit.

Le calme s'étant rétabli parmi l'honorable assemblée, le baron ajoute, après avoir promené un œil plein de satisfaction sur toutes les figures béantes qui attendent en silence, en laissant éclater dans leur attitude les vives marques de l'impatience et du trouble qui les agitent, les paroles d'or qui vont s'échapper de ses lèvres.

LE BARON.

Je dis ruiné! s'écrie-t-il avec l'accent de la joie, d'une voix forte et éclatante, en donnant à sa bouche toute l'extension dont elle est susceptible; et je m'explique; mais d'avance, mes honorables amis, élevez vos actions de grâces vers la voûte céleste...

LA COMTESSE DES CRÉNEAUX.

— Ah! baron, s'écrie-t-elle vivement en l'interrompant, avec l'accent du dépit; de grâce, je vous en conjure, trêve de plaisanteries, vous me mettez au supplice! Comment! mes fils sont ruinés et vous voulez que je chante victoire!

LE BARON.

Oui, belle comtesse, victoire! reprend-il avec le feu de l'enthousiasme et du ton le plus noble; vous l'avez dit, belle comtesse, et faisons mille fois retentir avec éclat la voûte de cette chambre, de nos cris de victoire et d'allégresse! La hideuse démocratie, pleine de révolte et de sédition, est à jamais terrassée, et va fuir dans son antre horrible, dégouttant du sang des révolutions ! Nous cueillerons les palmes du triomphe un éteignoir à la main, et des jours d'or vont luire pour nos seigneuries : vos deux fils sont abîmés et ruinés, il est vrai; mais redoublons nos chants de victoire : l'aîné, et voilà le beau, le sublime, le coup de maître, le.....

( Ici le noble baron s'arrête, sollicitant en vain de son éloquence une expression assez forte pour rehausser l'éclat de ses trois superbes exclamations. )

L'aîné, ajoute-t-il bientôt, après avoir inutilement adressé ses yeux au plafond pour y chercher une brillante épithète, l'aîné rassemblera, cumulera, entassera sur son heureuse tête toute la fortune de ses frères, pour perpétuer d'une manière digne le noble éclat de sa race, et ranimer la splendeur qui doit environner la majesté d'un nom couvert de la poussière des siècles, et verra avec cent mille francs de rente ses frères dépouillés et déshérités, languir à la tête d'une compagnie, ou aller s'engouffrer tout vivans entre quatre murailles, dans la fainéantise d'un cloître, pour y cacher la rage dont ce féodal dépouillement leur dévorera le cœur. (Ici, brouhaha général.) —« Comment ! cher baron ! » s'écrient à la fois toutes les bouches seigneuriales, animées par le plus beau mouvement d'enthousiasme qu'on ait vu de mémoire d'homme : ô miracle sans pareil ! digne de la résurrection des mauviettes qui rôtissaient à la broche; miracle qui rappelle les plus heureux temps de l'église, et qui a reçu , l'an de grâce 1825 , dans la ville des Sept Collines , son brevet d'authenticité par la béatification papale. « Le sublime, l'aristocratique droit d'aînesse, si fécond dans ses heureux résultats , pour rallumer les flambeaux de la discorde et de la haine , ouvrir l'affreux antre de la chicane, et jeter dans les familles les germes empoisonnés des passions les plus viles : le desséchant égoïsme, le cupide intérêt, la haineuse jalousie, l'inimitié, les dissensions intestines qui éteignent dans les cœurs tout sentiment humain; ce beau droit d'aînesse va donc enfin briller d'un nouvel éclat et d'une nouvelle jeunesse! Ah !.. ah !.. ah ! . c'est divin !.. Baron, c'est divin !..»

LE BARON.

Oui, par-là ventrebleu , c'est divin ! c'est le mot, reprend-il avec un élan de joie inexprimable qui s'élance du cœur ; et ces mots dits, il s'arrête tout court, tant son émotion est vive et bouleverse toutes les facultés de son être; mais bientôt, puisant de nouvelles forces dans l'enthousiasme qui l'anime, il ajoute : Oui , mes amis, livrons nos âmes aux élans de la joie la plus vive et la plus immodérée ! eh ! quoi de plus beau, de plus utile, de plus monarchique que de reconstruire de grandes fortunes pour soutenir avec noblesse l'éclat, et ranimer la splendeur et la beauté des noms historiques?.. Ce qui précipite un état vers sa ruine, à travers les révolutions, en confondant tous les rangs, et mêlant l'or pur des plus illustres sources avec le vil alliage des sources plébéiennes, vous le savez tous, mes amis, c'est le funeste morcellement des propriétés, qui imprime à l'industrie un si fatal élan. Eh! grand Dieu! combien de fois, hélas! n'en avons-nous pas déploré ensemble les tristes conséquences! et mille exemples terribles qui éclatent tous les jours à nos yeux, malheureux fruits de cette maudite division de la propriété, ne nous prouvent-ils pas, jusqu'à la dernière évidence, qu'il faut, pour qu'une monarchie marche dans la bonne voie du salut, qu'elle soit environnée d'une riche foule de fainéans seigneurs, vraies sangsues populaires, pour jeter sur elle le brillant éclat qui entoure le luxe et l'opulence, et faire rejaillir sur le trône la splendeur des noms illustres, lesquels, dans tous les temps, ont concouru si puissamment à la gloire de la monarchie et au bonheur de la France?

Où allions-nous, grand Dieu! continue-t-il avec plus de force; conduits par cette loi révolutionnaire dictée par la nature et la justice; loi horrible qui portait dans son sein mille germes de mort; lesquels, menaçaient de nous précipiter, avant peu, dans le néant avec tous nos vieux parchemins ? Loi athée, et à jamais subversive de tout bon ordre social, puisqu'elle avait proclamé, à la face de l'univers, la fatale égalité des partages, en se rendant à la voix sacrée de cette maudite raison ? Ah !.. je sens, ma vieille âme frémir d'indignation dans mon sein féodal, et je vous vois tous disposés à frémir avec moi, lorsque je jette douloureusement mes regards en arrière, et que je les reporte sur notre situation présente ; car enfin , il faut l'avouer ; malgré notre milliard d'indemnités, malgré toutes les rétributions et restitutions que nous avons arrachées, de la complaisance des ministres, pour nous cicatriser des blessures de la révolution ; malgré toutes les places importantes à la tête desquelles on nous voit figurer ; malgré toutes les faveurs et les grâces, dont la cour nous accable depuis dix, ans ; malgré enfin toutes les facilités qu'on nous offre, et toutes les larges voies qu'on nous ouvre, pour nous élancer, sur le char brillant de la fortune , nous jouons encore un assez triste rôle dans l'état, sous le rapport des richesses, en comparant notre situation présente avec l'éclat qu'elle jetait avant la révolte du peuple... Ce maudit commerce, invention de Lucifer et des révolutions , qui étend partout ses rameaux d'or, nous écrase, nous efface, nous anéantit, par son luxe et sa magnificence, et malgré....

« — Vive Dieu ! » s'écrie le duc des Tourelles, à ventre de bénédictin et teint pourpré comme un fainéant chanoine, en lui coupant la parole avec impétuosité, et s'élançant à son cou dans un superbe transport de joie ; « il faut, baron, que je t'embrasse pour une aussi excellente nouvelle : voilà vraiment du bon, de l'admirable, du.... Ah! ce cher baron ! il n'en sait jamais d'autres ; quand on voit son honorable personne se présenter quelque part, c'est toujours, à coup sûr, la main chargée de quelques lambeaux de cette infernale Charte. » Après cette noble exclamation, voilà le maigre baron et le gros duc jetés dans les bras l'un de l'autre. Le duc, dans l'élan de son enthousiasme, le serre sur son cœur de manière à lui briser l'échine : après l'avoir, par amitié, presque étouffé dans ses vifs embrassemens ; voilà le baron qui de ses bras d'athlète passe dans ceux d'un marquis, de ceux du marquis dans ceux d'un comte, ainsi de suite. Les dames, dans l'effusion de leur joie, veulent bien lui présenter d'une manière fort gracieuse leurs joues à baiser : enfin toutes les joues étant baisées, et ayant reçu l'accolade de tous les seigneurs, et les félicitations de toute l'assemblée, le baron, hors d'haleine, est invité à prendre place à table auprès de madame la comtesse des Créneaux, et retrempe le feu de son génie dans deux ou trois verres de vin de Champagne.

Tous les convives ont repris leurs places : alors la conversation prend un cours plus régulier. Après plusieurs libations faites avec un noble éclat, en l'honneur de ce nouveau laurier, arraché à la démocratie, en foulant aux pieds les lois sacrées de la nature et de la raison, comme étant révolutionnaires de leur essence :—« D'honneur, s'écrie le baron de la Tour du Nord, je suis fort content de nos ministres ! il faut leur rendre une éclatante justice ; ils s'exécutent vraiment à ravir ! de toutes-parts nous rentrons en possession de nos biens ; nos châteaux, avant peu, vont reparaître brillans de jeunesse et de gloire ; les millions nous pleuvent sur la tête ; les honneurs nous accablent, l'ignorance nous délivre des brevets de savans, en comptant nos quar-- tiers de noblesse... Voilà le beau, le sublime droit d'aînesse rétabli : institution d'or, et éminemment monarchique !... vive Dieu ! tout va bien, nous sommes vraiment dans la voie du salut ! »

« — Morbleu ! ils ont bien fait de s'exécuter de bonne grâce, » s'écrie le noble comte des Crénaux, l'œil fier, le sourcil relevé, l'oreille rouge de colère, en levant la tête de l'air le plus imposant, et prenant une attitude tout-à-fait martial ; « car, s'ils avaient voulu faire les rebelles, dit-il, en élevant la voix, nous les aurions arrachés de dessus leurs fauteuils, où ils se dorlotent depuis de longues années, avec tant de complaisance,

en caressant, d'un œil plein de joie, les débris
de la Charte et les monceaux d'or qu'ils entassent
autour d'eux !....

« Seulement, poursuit-il d'un ton plus bas, s'ils
avaient voulu pousser la générosité jusqu'à nous
accorder un petit bout de loi, touchant la remise
des actes de l'état civil dans les mains du clergé,
tout serait on ne peut mieux : mais toutes nos
brigues et nos cabales ont été impuissantes ; il a
fallu, pour cette année, nous contenter de notre
droit d'aînesse ; ils nous ont renvoyé à un autre
temps pour cette nouvelle concession, si impor-
tante et si féconde dans ses résultats ! Concevez-
vous, messieurs, les beaux fruits que porterait
avec elle une pareille mesure, dictée par les pâles
flambeaux de l'obscurantisme et l'esprit le plus
aristocratique !... Voyez-vous la fougueuse intolé-
rance, l'œil en feu et plein de rage, s'en élancer
un poignard à la main, et briser l'autel sur lequel repose l'égalité des cultes.

«—Eh ! la Charte ! la Charte ! cher comte, s'écrie
le duc au gros ventre, en ouvrant la bouche jusqu'aux oreilles, et de gros yeux bêtes à faire plaisir, en s'efforçant de grimacer un stupide sourire ;
quelles clameurs assourdissantes n'élèveraient
pas *les petites gens*, qui ne sauraient faire un
pas sans s'appuyer sur ses vieux lambeaux, usés
et lacérés par mille outrages !

« — Eh! parbleu, reprend le noble baron, ils diront ce qu'ils voudront! ils méritent vraiment bien la peine que nous nous occupions d'eux! Qu'importent leurs plaintes et leurs cris? n'avons nous pas des baïonnettes pour leur fermer la bouche, et la puissance de l'éloquence foudroyante de nos grands orateurs pour réduire leurs clameurs au néant? Nous arracherions, crois-moi, cher duc, je connais la portée de l'esprit de ces gens, tous les feuillets de la Charte, feuille à feuille, et en jetterions devant eux les lambeaux au vent, que nous leur ferions encore prouver, par l'éloquence vénale de nos brillans orateurs, que, plus on met cette Charte en lambeaux, plus on lui fait subir de mutilations et d'outrages, plus elle acquiert de vigueur et de jeunesse. N'est-il pas rigoureusement prouvé pour tous les bons esprits, dégagés des liens de la sotte raison, qu'un corps, qui tombe en poussière, et dont tous les ressorts sont usés par le temps, promet de parcourir une plus longue carrière, que celui dont les ressorts sont pleins de séve et de vigueur? N'est-il pas évident, dit-il en s'échauffant par degrés, qu'un homme ne jouit vraiment d'une parfaite santé, que lorsqu'il est à l'article de la mort? »

Mais toute l'honorable assemblée, ivre de joie de la force surprenante de ces raisons et de la puissance de cette logique digne de Pascal, et ne pouvant plus retenir les transports de son admiration, s'écrie, dans un élan spontané, avec cet enthousiasme qui va chercher sa source au cœur : « Ce cher baron !... combien sa tête recèle de vues étendues et profondes ! c'est vraiment un foudre d'éloquence ! il prouverait, sans réplique, aux plus incrédules, qu'il fait nuit en plein midi.

« —Ah ! messieurs du commerce, nous allons vous faire voir beau jeu ! » ajoute le baron en s'efforçant de faire rougir l'antique pâleur de son front ; mais il s'épuise en vains efforts, son front conserve sa brillante couleur de pain d'épice. « Nous sommes vraiment lancés dans la bonne route, poursuit-il, nous n'avons plus qu'à courir au but, sur un chemin semé de fleurs. Chaque année nous arracherons de la complaisance de nos ministres, une pièce pour reconstruire notre vieil arbre féodal pouri, devenu la proie des vers et couché depuis trente ans dans la poussière, par ces funestes lois dictées par la raison, laquelle, ô comble de misère ! dans des temps d'anarchie, s'était glissée dans notre gouvernement à la faveur du flambeau de la liberté, et avait tout infecté de ses germes pestilentiels... De manière, dis-je, qu'avant que dix ans soient écoulés, tout sera remis dans l'ordre le plus parfait ; les vieux débris usés et tombant en ruine de l'édifice de l'ancien régime, que le bon sens fait crouler de toute part, seront entièrement restaurés à neuf ; les noms seuls de chaque pièce qui serviront à l'étayer et à lui redonner un air de jeunesse seront changés ; mais nous avons trop de solidité dans l'esprit, pour nous attacher à de pareilles futilités...

» — Eh ! que nous importent les noms ? s'écrie le duc des Tourelles, d'une voix arrogante et pleine de mépris ; nous ne sommes pas des enfans pour nous arrêter à de semblables bagatelles ; attachons-nous au solide, et non à tourner de légères superficies... Il ne s'agit point ici d'une vaine dispute grammaticale de mots, laissons ce soin aux Quarante, dits immortels, qui se dessèchent et pâlissent pendant dix ans sur une lettre de l'alphabet ; quand mon cordon bleu m'aura ouvert les portes de ce temple, où Morphée dans ses bras, endort la Gloire, je sommeillerai alors avec beaucoup de plaisir avec ces savans, sur ces profondes vétilles..... mais, mes honorables amis, entrons dans le vif de la question, voyons, examinons ! Quel est notre but ? que voulons-nous enfin ? Des priviléges, du pouvoir, des honneurs et des richesses, allez-vous tous vous écrier avec moi ; jeter les plébéiens dans la boue, sous le poids des chaînes et de la misère, et nous élancer couverts d'or dans de brillans palais. Or, pour arriver à ce but éminemment utile et féodal, pour conquérir le bon ordre, car toujours le peuple est enclin à abuser de ses richesses et de sa liberté, c'est du poison entre ses débiles mains; il faut tarir son coffre-fort, et charger ses bras de liens pesans, pour qu'il ne puisse les remuer, se livrer à l'élan de son industrie et se rendre la fortune favorable: pourvu que ses rudes travaux lui permettent de remplir les vastes coffres où nous allons puiser notre grandeur et nos châteaux, voilà l'essentiel. C'est toute la latitude qu'il faut lui laisser.

» Mes amis, frappons les grands coups, il en est temps; portons le fer tranchant de la cognée à la racine du mal; écrasons le commerce, foulons l'industrie aux pieds; faisons-les succomber sous le poids des chaînes et des entraves de toute espèce; que les innombrables filets du fisc les enveloppent de toutes parts, et étendent partout sur eux ses réseaux d'or; que rien n'échappe à sa dévorante rapacité : tuons ce commerce maudit, cette œuvre du démon, lequel, ligué avec cette fière liberté, tend à émanciper les nations, en nous nivelant avec la vile classe plébéienne. Croyez-en l'expérience de mes cheveux blancs et l'amour féodal qui embrase tout mon être; anéantissons-le au plustôt, portons lui le coup de la mort, ou, avant peu, lui-même nous portera des coups terribles, dont jamais nous ne pourrons nous relever. Quels germes féconds de révolution, de rébellion, de sédition, quelles pernicieuses semences de liberté ce fatal morcellement de propriété n'a-t-il pas jeté dans les cœurs ! Quels funestes effets cette division à l'infini de la propriété territoriale n'a-t-elle pas produits !

» Les deux tiers de ce peuple, qui aujourd'hui dresse fièrement la tête, ose nous regarder en face avec insolence, s'élance sur l'autel des lois en réclamant ses droits les plus sacrés, les lambeaux de la Charte à la main, étaient, dans nos jours de gloire, soumis, respectueux et prosternés devant nos seigneuries, avant cette exécrable révolution qui réduisit en poudre nos priviléges, nos parchemins, nos droits les plus sacrés, nous précipita et nous mêla avec ces vils flots pléhéiens..... Rétablissant ce précieux droit d'aînesse fécond en dissensions et chargé de haines et de procès, nous retenons, nous amoncelons la fortune dans les mains d'un petit nombre de privilégiés, et avec l'aide de Dieu et les progrès de l'obscurantisme et des éteignoirs, nous écarterons par cette sage mesure, de la propriété territoriale, les petites gens qui n'auront que de faibles placemens de fonds à effectuer ; nous les jetterons dans notre dépendance, et nous resserrerons ainsi les bornes des élections déjà si limitées.

» Ah ! quel coup de maître que cette restauration du droit d'aînesse ! Quel pas de géant pour l'aristocratie ! En concevez-vous bien, mes amis, tout le beau, le sublime ? Voyez-vous briller à vos yeux les riches mines que ce droit porte en lui à exploiter ? ... Voilà vraiment une haute conception dictée par le génie ! voilà ce qui s'appelle, trancher le mal dans sa racine, et attaquer au cœur la partie gangrénée, pour en arrêter les funestes ravages !.... Coupons, tranchons, renversons, réduisons en poudre ce maudit arbre de la liberté, qui menace d'étendre d'un pôle à l'autre ses immenses et fortunés rameaux.

«— On voit bien, cher baron, » s'écrie avec l'accent de l'enthousiasme le vicomte du Donjon, lequel vient de faire son entrée dans le salon et qui était resté stupéfait, ébahi, bouche béante, jambe en l'air et la joie dans les yeux, lesquels mêmes, je ne puis le nier, roulent des larmes en écoutant les paroles d'or qui tombaient avec tant de chaleur et d'éloquence des lèvres du noble baron ;. « on voit, cher ami, ajoute-t-il en lui serrant la main avec effusion de cœur, à la profondeur des vues éminemment utiles et françaises, que vous venez de développer d'une manière si brillante, que vous êtes initié aux mystères ténébreux de la tortueuse politique, et qu'on en a soulevé pour vous les voiles les plus épais ; mais, baron, vous qui avez pénétré la pensée entière du gouvernement, ne sentez-vous pas frissonner d'indignation votre âme si féodale, et votre vieux sang noble, se rappelant son illustre et antique origine, ne se soulève-t-il pas de fureur dans vos veines, en voyant des ministres sortis d'une source plébéienne assis au conseil du prince et vous dicter, avec hauteur, des lois, de dessus leurs fauteuils, où votre seule protection les fixe et les maintient? Eh! quelles lois encore! toujours accompagnées de fatales restrictions qui paralysent tous les heureux effets qu'elles pourraient recéler dans leur sein! Nous laissent-ils puiser à pleines mains dans le trésor royal, le lendemain ils nous portent un coup terrible de massue sur la tête, en faisant alliance avec des révoltés, et en consacrant leur indépendance par une ordonnance infirmée par nos lois. Ah! grand Dieu! que va devenir l'autorité et la puissance des rois, si l'on pose l'odieux principe que les peuples ont le droit de briser le joug qui les écrase et de se choisir à leur gré la forme de gouvernement qui leur convient? Ah! cher baron! un pareil acte est chargé des plus funestes conséquences et porte une atteinte mortelle aux principes de servitude posés dans des vues si justes et si légitimes par nos célèbres ancêtres!.... Oui, par la ventrebleu, je ne cesse de le crier; mais, ô douleur! mes cris ne frappent que l'air et ne trouvent que de sourdes oreilles; hâtez-vous, dis-je, de précipiter de dessus leurs fauteuils ces ministres entachés d'idées démocratiques; car rappelez-vous en bien, tout en ayant l'air de condescendre à vos vues, de flatter vos doux penchans et de vous protéger contre l'hydre révolutionnaire, ils ne se servent de vous que

comme d'un marche-pied, pour atteindre le but auquel tendent tous leurs vœux et tous leurs désirs, celui de vous jeter dans leur dépendance et de vous mêler avec leur noblesse d'hier : car enfin, je vous le demande, cher baron, ce droit d'aînesse qui vous met tout en émoi, et fait si délicieusement battre d'ivresse votre cœur féodal, pourquoi l'étendre à cette tourbe populaire ? pourquoi la faire participer aux avantages qui devraient être seuls réservés à la noblesse ?.... Mais le bout de l'oreille perce, vos ministres plébéiens se sentent toujours entraînés, malgré les belles protestations qu'ils font sans cesse à nos seigneuries de nous immoler les droits du peuple, et les vaines paroles dont ils amusent notre crédulité, vers la source dont ils tirent leur basse origine.....»
Ces mots ne sont pas achevés, que le baron de la Tour du Nord s'est élancé de dessus son fauteuil, court saisir la main du vicomte du Donjon et lui dit : « — Cher vicomte, de grâce raisonnons et ne nous abandonnons point à l'impétuosité de la passion, c'est un dangereux conseil : calmez, je vous supplie, les bouillons de votre colère, et veuillez me prêter une oreille attentive ; je vais tâcher de répondre à vos pourquoi.

»La plus forte et la plus puissante raison c'est cette maudite Charte, pour laquelle nous voulons, tout en en déchirant chaque jour les feuillets, avoir l'air de professer un grand respect. Si nous avions limité à la noblesse seule le droit d'aînesse, droit subversif des saintes lois de la nature, qui commandent l'égalité et la justice, mille trompettes révolutionnaires auraient aussitôt sonné le cri d'alarmes pour tonner contre une pareille infraction à la justice ; laquelle infraction aurait brisé la loi d'égalité, loi basée sur la raison et l'équité, et la plus chère au peuple ; mais en étendant cette mesure jusque sur les vils rangs plébéiens, de quoi pourra-t-on se plaindre ? En usera qui voudra, toute latitude sera laissée à chacun, puisque la volonté d'un père, écrite dans un testament pourra faire fléchir la loi ; donc nous ne portons nulle atteinte aux règles de la justice : une mesure dans l'intérêt de tout le monde n'est plus un privilége. Nous assimilons, par grandeur d'âme, dans cette circonstance, la roture à la noblesse ; nous la faisons participer à tous ses brillans avantages ; nous l'élevons jusqu'à nos seigneuries.... Quelles plaintes légitimes pourra-t-elle encore nous adresser ? Pourra-t-elle encore, sans injustice, nous accuser de vouloir rétablir un système odieux de priviléges ? car enfin, je...

« — Eh ! parbleu, cher baron, tu épuises en vain ton éloquence en beaux raisonnemens, » s'écrie l'illustre duc des Tourelles, avec un sourire de dédain, en haussant les épaules de pitié ; « cette pauvre roture croirait appeler sur sa tête l'opprobre et le déshonneur, en ne repoussant pas le bénéfice de cette loi... Ne sais-tu pas que ces sottes gens se sont toujours montrés entichés de l'honneur et de la justice? ils auront horreur d'une pareille loi qui foule à ses pieds tout sentiment humain , et leur front se couvrirait de la rougeur de la honte, s'ils s'abaissaient à en profiter...... Pour eux , les institutions puisées dans les lois de la nature et de la raison , ont seules du charme et de l'attrait , et peuvent obtenir leur estime : ils méprisent toutes celles basées sur l'intrigue , le caprice , et appuyées sur l'odieux arbitraire; car....

LA COMTESSE DES CRÉNEAUX.

Ah ! pardon , monsieur le duc , s'écrit-elle, en lui coupant la parole après son *car* , si j'interromps votre brillante faconde ; mais , de grâce, permettez-moi , je vous supplie , de plaider , en ma qualité de mère , la cause de mes deux fils , que vous avez la bonté de ruiner d'un trait de plume, avec votre belle loi , admirable sans doute , je veux bien le croire , mais.....

LE DUC DES TOURELLES.

— Oui , madame la comtesse , reprend-il vivement, l'œil étincelant et d'un air inspiré , admirable ! divine ! en tout point ; c'est vraiment le palladium de la noblesse ! et une statue d'or devrait être élevée au grand ministre qui a conçu cette restauration toute féodale.... Mais pardon, madame la comtesse, daignez, de grâce, excuser mon enthousiasme, si je vous ai interrompue ?


LA COMTESSE DES CRÉNEAUX.

Monsieur le duc, vous puisez votre excuse dans l'ardent amour féodal qui vous embrase pour la noble cause qui enflamme votre éloquence....

LE DUC DES TOURELLES.

Ah ! madame, qui ne se sentirait transporté de joie et d'ivresse, quand tout annonce que l'éclat de nos beaux jours va renaître !..

Mais, madame, je suis tout oreilles : que votre belle bouche, ajoute-t-il, d'un air pressant et gracieux, en lui baisant la main, pour implorer son pardon, daigne, je vous supplie, ne pas faire languir plus long-temps notre impatience.

LA COMTESSE.

Monsieur le duc, je voulais seulement vous présenter quelques questions, pour éclairer la faiblesse de mes esprits, et y porter les vives lumières qui jaillissent par torrens de votre prodigieuse éloquence. Mettez, poursuit-elle, des bornes à ce morcellement des propriétés qui vous paraît si funeste, et traîner à sa suite de si fâcheuses conséquences ; rassemblez toute la fortune sur quelques têtes privilégiées en jetant le reste de la nation dans la servitude et la misère : tout cela, sans doute, est bien beau et surtout bien juste, et cache des vues profondes dont mes faibles lumières ne me permettent pas de soulever l'épaisseur des voiles.... Mais, de grâce, que ferai-je de mes deux fils que voilà ruinés par votre loi pour environner d'éclat la tête de l'aîné et l'entourer de splendeur ? Leur offrira-t-on, comme dans le bon temps, des compagnies en dédommagement pour adoucir leurs infortunes ? L'armée leur ouvrira-t-elle ses rangs, en leur présentant de brillantes épaulettes ? Mais la loi du recrutement, quoique boiteuse, est encore debout, et va nous opposer pour barrière inflexible les règles de la justice : en ferai-je des abbés, des commandeurs, des riches et fainéans chanoines ? Mais vos maudites lois révolutionnaires, que vous n'avez point encore lacérées, ont culbuté et jeté dans le mépris public, tous ces refuges ouverts à la paresse et à la fainéantise, triste partage des malheureux dépouillés contre le vœu de la nature, par des institutions injustes et barbares, pour environner de faste et de luxe quelques milliers de privilégiés. Déjà, allez-vous me dire, la terre se voit surchargée du poids inutile de vastes palais, destinés à la piété et à servir d'aliment à la paresse, lesquels s'élancent tous les jours de son sein, comme par enchantement.... J'élève, pour un si grand bienfait, mes actions de grâces vers la voûte céleste, le cœur palpitant de joie et de bonheur ; mais, hélas ! avant que ces pieuses maisons puissent offrir un sort un peu brillant aux cadets ruinés, combien faudrat-il qu'il s'écoule encore de temps ? »

Le Baron de la Tour du Nord se levant, électrisé par un beau mouvement d'enthousiasme, s'écrie, l'œil étincelant de joie et le teint animé par le feu de l'éloquence, et surtout par le vin de Champagne, et le sourire le plus gracieux sur les lèvres : « Belle comtesse, daignez, de grâce, ouvrir votre âme aux plus brillantes espérances, et calmez les inquiétudes qui troublent et jettent l'alarme dans votre cœur maternel.... Ne nous faites pas l'injure de penser que notre imprévoyance eût été poussée jusqu'au point de nous fermer les yeux sur le sort, assez triste, réservé aux cadets dépouillés..... Rassurez-vous, je vous en supplie ; tout a été prévu par notre haute sagesse.

» Il faut, ajoute-t-il, en élevant la voix d'une manière très-noble, et promenant des yeux pleins de bonheur sur l'honorable assemblée ; il faut, dans l'intérêt de la justice et du bon ordre, que la tête des aînés soit accablée de richesses, pour soutenir avec l'éclat convenable la splendeur de leur rang et l'illustration de leur origine, et surtout tenir dans leur dépendance un grand nombre de cliens par l'heureuse influence qui est attachée à la fortune ; sur ce point, tous nos sentimens sont d'un parfait accord.... Venons maintenant aux cadets , nobles s'entend , car les cadets plébéiens ne méritent pas la peine de nous occuper , et seront entièrement abîmés et ruinés , car ils ne sauraient approcher des faveurs et des grâces du gouvernement , seules , comme vous le pensez bien , réservées aux nobles dépouillés ; les cadets nobles , dis-je , vont voir devant eux s'ouvir mille portes et mille routes fleuries qui les porteront rapidement sur le char brillant de la fortune ; les faveurs de la cour pleuvront sur leurs têtes , et mille et mille places leur seront préparées pour cicatriser leurs infortunes.

» Cette loi du recrutement qui vous jette dans un si mortel effroi, par les traces de raison dont elle est entachée, verra bientôt, je puis vous en donner l'assurance, disparaître ces taches démocratiques dont elle est encore souillée. Raffermissez, de grâce, la timidité de vos esprits ; nous allons tout épurer, l'alliage qui corrompt la pureté des principes va être rejeté, et l'or pur des beaux jours de la noblesse va briller de tout son éclat.

» Ah !.. » mouvement sublime d'enthousiasme du baron , lequel mouvement se communique bientôt avec la rapidité de la foudre à toutes les têtes seigneuriales. Le baron, après avoir poussé de suite trois ah! ah! dans le grand goût des exclamations, l'œil et le visage en feu, mon respect pour la vérité ne me permet pas de dire les cheveux hérissés, car la perruque qui couvre la précieuse nuque du haut baron en paralyse tout l'effet à mes yeux.

« Ah! s'écrie-t-il donc, avec le noble accent d'une pythonisse sur son trépied, tourmentée par la présence du Dieu qui commande sur tout son être et lui souffle les plus nobles inspirations; « quel avenir éclatant, magnifique, brillant, radieux, mes chers amis, se déroule à mes yeux enchantés et émerveillés! Le voile épais qui enveloppe l'avenir et le cache à la faiblesse de notre vue, tombe devant mes regards étonnés.... Je pénètre dans ce dédale obscur, le flambeau de la vérité à la main.... Ah! Dieu!... Dieu!... que vois-je!... Quel spectacle ravissant!... Quel éclat éblouissant environne la noblesse!... Quels rayons lumineux entourent la majesté de son front!... Que de gloire l'attend!... Ah!... je suffoque.... je me meurs.... soutenez-moi..., je ne puis supporter l'excès des torrens de joie et de bonheur qui s'élancent dans mon cœur.... mon âme va rompre les liens terrestres qui l'attachent à sa chétive et périssable enveloppe! »

Ces mots dits, il tombe dans les bras de deux comtesses douairières , lesquelles l'inondent d'eaux spiritueuses et lui font respirer des sels , pour rappeler ses esprits ébranlés et bouleversés par sa vive émotion. Bientôt l'efficacité de ces secours ont ramené la vie dans ses yeux, et la joie dans son cœur; alors, puisant de nouvelles forces dans son enthousiasme, il s'écrie, les yeux baignés de larmes , et la voix encore 'un peu faible et tremblante .

« Ombres chères et révérées de nos nobles aïeux, bientôt vos mânes, courroucées de voir vos fils déchus du noble rang qu'ils tenaient autrefois , seront satisfaites et glorieuses! Vos dignes rejetons, arrachés de la boue où le délire d'une horrible révolution, suscitée par le flambeau de la raison et l'ange des ténèbres les avait plongés, s'élanceront pleins de gloire, et couverts d'heureux priviléges, écrasés par les lois de la nature et de la justice, succombant sous le poids des honneurs et des richesses, vers le brillant éclat qui environnait autrefois la splendeur de vos noms ; et ce peuple rebelle, égaré par la voix séduisante de la raison, avili, dégradé, ruiné par le fardeau toujours plus accablant des impôts, dont nous surchargerons sa tête, se prosternera encore une fois dans les flots de poussière dont la hideuse philosophie l'a malheureusement arraché, devant ses seigneurs et maîtres , lesquels, de leurs tables somptueuses, laisseront, par magnanimité, tomber sur eux avec dédain quelques débris de leurs splendides banquets, pour leur sauver les angoisses de la faim. »

» Ce commerce maudit, fils des révolutions et de la liberté, sera enfin dompté, écrasé, anéanti; il traînera à nos pieds son front livide et exténué de misère, et fuira, épouvanté de l'absurdité de nos lois et des milliers de liens et d'entraves dont il se verra enchaîné, vers le nouveau monde y chercher un salutaire asile, pour y déposer et y répandre ses immenses trésors. Dans nos heureuses mains seules se trouvera la fortune; la nation sans commerce, sans industrie, languira sous le poids de ses chaînes, livrée aux exactions de la noblesse et à la rapace fainéantise des cloîtres, devenue la proie du terrible fléau de la misère, chargée de tous les crimes, et dévorée des vices qu'entraînent à sa suite l'oisiveté et l'esclavage... Mais elle sera tremblante, soumise et respectueuse, et saura enfin apprécier le mérite d'une antique naissance, couverte de la poussière des siècles, et nourrie des larmes et des sueurs du peuple.

»—Bravo, bravo, bravissimo, reprend le marquis du Donjon avec transport, c'est bien dit; jetons ce peuple dans la boue, et livrons-le à la misère; c'est le seul moyen de le faire tomber à nos genoux.

» La richesse faisant la puissance, lui crée une noble indépendance, lui fait fièrement dresser la tête, et demander des lois dictées par la nature et la raison.

» La raison !.. Ah ! grand Dieu ! de quel mot horrible mes lèvres viennent-elles de se souiller ! » reprend-il avec le plus fier dédain, en jetant un cri d'effroi accompagné de la plus laide grimace, et sautant trois pas en arrière, comme si ce mot avait produit sur lui la sensation d'un charbon ardent : « La raison !.. ô ciel ! voilà aujourd'hui le terrible mot d'ordre de tous les peuples ; du couchant à l'aurore, c'est ce mot magique qui fait bouillonner toutes les têtes, fait battre tous les cœurs, y porte les semences des plus généreux sentimens, les germes des plus nobles inspirations, brise comme des verres fragiles les lourdes chaînes dont nous avions accablé leurs fronts, met en poudre nos priviléges, nos parchemins, nos ridicules prétentions écrasées par le sens commun, et foudroie les stupides et gothiques raisons dont nous nous efforçons d'étayer le vieil édifice social qui, battu en ruine par la hideuse philosophie, croule de toutes parts par sa base, malgré les efforts inouïs et tous les artifices que nous employons pour ramener la vie dans un corps décharné, usé, anéanti par les outrages du temps et les flots de lumière qui inondent le monde ; d'un corps qui tombe en poussière à la voix terrible de cette fière liberté, fille intrépide de la raison, dont les mâles et puissans accens retentissent dans tous les cœurs, ébranlent l'univers jusque dans ses fondemens, en appelant à grands cris les peuples sous la puissance de l'égide sacrée des lois... Ah! mes chers amis! l'éclair qui brille au haut des nues ne s'élance pas avec plus de rapidité sur la terre, que ces accens ne pénètrent dans les âmes plébéiennes... Liguons-nous tous contre ce cruel ennemi, rassemblons nous en colonnes serrées et réunissons nos nobles efforts pour étouffer cette voix, qui vibre à tous les cœurs, et enfante des héros!.. son souffle est mortel pour nous; les émanations de la peste qui portent dans tous les seins les germes de destruction, ne sont pas si dangereuses pour nos seigneuries, que cette enchanteresse de liberté, qui du haut du temple de la raison et des lois appelle à grands cris tous les peuples à ses pieds, sous l'empire de la justice... Jurons, amis...

—» Oui, jurons »! s'écrie l'honorable assemblée en se levant en tumulte, électrisée et enflammée par ce beau mouvement d'éloquence du marquis du Donjon, et tendant tous vers lui la main droite, comme dans le serment des Horaces de notre immortel David : « Jurons ! » s'écrient-ils tous à la fois avec le plus grand enthousiasme.

Alors, le duc au gros ventre s'enchaîne par

ce serment , au nom de toute l'assemblée qui veut bien lui remettre ses pouvoirs ; les yeux levés vers le ciel , d'une voix ferme et imposante :

« Jurons, mes honorables amis, d'étouffer toutes les semences pestilentielles , tous les germes mortels qui fermentent dans les cœurs , menacent d'y jeter les plus profondes racines , d'y porter les plus terribles ravages et de nous précipiter avant peu , malgré nos vœux d'immobilité et nos nobles efforts dans les horribles sentiers de cette raison , notre plus cruelle ennemie !

« Armons-nous tous d'éteignoirs , et jetons-nous sur l'éclatant flambeau des lumières , pour étouffer les rayons lumineux qui blessent la débilité de notre vue , et encapuchonnons la raison.

« Cabalons, cabalons, mes amis ; que l'armée des jésuites soit doublée, triplée , et qu'elle se mette au plus tôt en campagne ; pour elle , une abondante récolte se prépare ; grâce à Dieu ! la sottise, fille de l'ignorance, n'a pas encore fui de tous les cerveaux. En vain l'armée de ces rusés renards a-t-elle subi une complète défaite; en vain a-t-elle été écrasée et foudroyée par deux chiens d'arrêts terribles qui la tiennent en respect, en lui montrant deux rangs de dents effroyables , prêtes à la dévorer... Cet échec , loin d'abattre son courage, a centuplé son énergie ; comme Anthée en touchant la terre, ou plutôt la boue, elle a senti couler dans ses veines une nouvelle vigueur ; elle s'est fièrement redressée sur ses pieds agiles, la rage dans le cœur, en jurant à mort la guerre la plus terrible à la raison et à la morale, qui lui ont arraché le masque de vertu et de piété dont elle couvrait ses traits hideux, et ont imprimé à son front la marque ineffaçable de l'opprobre et du déshonneur...

» N'importe sa turpitude cachée sous les plis de son manteau, la voyez-vous se répandre avec audace comme un torrent dévastateur, ainsi que ces nuées de sauterelles qui ravagèrent l'Égypte, envoyées par la vengeance d'une main céleste..... Bientôt tout le sein de la France en sera inondé et dévoré ; vraie Protée elle emprunte toutes les formes, elle prend tous les masques, elle revêt tous les costumes pour se glisser sous les marches du trône, comme sous l'humble toit de l'artisan ; elle rampe comme les vils reptiles, et s'élance dans votre sein pour y porter son venin mortel et vous déchirer le cœur. Lorsque par mille piéges dignes de Satan elle est parvenue à capter et surprendre votre confiance, nul refuge n'est à l'abri de sa dent envenimée, les flots de son poison coulent partout de sa bouche empestée et portent dans tous les cœurs les haines et les dissensions. Son cri de guerre, ainsi que le nôtre, est mort à la raison ! le plus terrible fléau que le ciel dans sa colère a pu lancer sur la terre.

» Appelons à notre secours, s'écrie-t-elle avec l'accent de la rage, toutes les ruses de l'enfer, pour saisir ce dangereux ennemi, et le précipiter dans le puits de la vérité, d'où il n'aurait jamais dû sortir, pour le repos de nous autres privilégiés de la nature, qui, étayés par la sottise et la stupidité dans lesquelles le peuple croupissait à plaisir dans les beaux siècles où, l'ignorance régnant seule en tyran, nous nous étions si largement partagés les biens de la terre, en l'enchaînant à nos pieds, soit armés de parchemins ou couverts de capuchons.... Mais cette maudite et exécrée raison, liguée avec sa fille adorée, la *liberté*, ont réveillé ce peuple assoupi de la profonde léthargie dans laquelle ses esprits étaient si heureusement plongés depuis tant de siècles.... Maintenant, grand Dieu! que de chemin à parcourir, que d'embûches à dresser, que de ruses à inventer pour endormir son active vigilance sous la précieuse sauvegarde du flambeau de la presse et de cette infernale raison! »

Ce serment prononcé avec toute l'emphase convenable à un pareil sujet, mille projets les plus magnifiques les uns que les autres, pour hâter cet heureux retour vers l'éclat des douzième et treizième siècles, volent avec effusion de cœur des bouches seigneuriales. Le baron de la Tour du Nord, désigné par la brillante assemblée pour remplir les fontions de secrétaire, tient la plume, et rédige, après avoir recueilli les vœux et les désirs des honorables membres , ce petit projet de loi , lequel doit être mis sous les yeux de tous les immobiles du faubourg des parchemins , pour être mûri , discuté et perfectionné par les meilleures têtes féodales.

Du quartier-général des Immobiles , rue des Éteignoirs, ce mardi gras, 11 heures du soir.

## ARTICLE PREMIER.

Aviser promptement aux moyens d'étayer fortement l'édifice de la Sainte-Alliance, qui paraît sur le point de s'écrouler par sa base, minée depuis dix ans par la raison et le flambeau de la presse, ses deux plus cruels ennemis.

### ART. II.

La guerre à mort est déclarée à la raison et à son impudente fille la liberté , qui fait bouillonner toutes les cervelles , palpiter d'amour et d'ivresse tous les cœurs.

La liberté tend à fouler aux pieds l'arbitraire et les priviléges : point de noblesse sans eux.

La base la plus solide sur laquelle puisse reposer les états bien gouvernés étant la noblesse, dans l'intérêt des nations, chose incontestablement prouvée par nous, qui sommes tout-à-

fait désintéressés dans la question, comme chacun sait, et nullement mus par l'appât de viles
considérations personnelles, et surtout par mille
faits éclatans, qu'il serait trop long d'énumérer ;
nous nous bornerons seulement à rappeler deux
époques des plus glorieuses pour la noblesse, 89
et 1815, époques où elle signala sa bravoure et
son dévouement d'une manière tout-à-fait éclatante en prenant la fuite, et laissant le trône
désert.

Ce pointprouvé d'une manière aussi victorieuse,
il est clair que l'anti-féodale liberté doit être pour-
suivie, en tous lieux, par le fer et par le feu,
comme séditieuse et révolutionnaire, et tendant à
détruire la noblesse et le respect dû à nos parchemins, palladium du bon ordre des sociétés.

Pour parvenir à ce but éminemment utile et fran-
çais, pour entretenir et alimenter la prospérité des
nations que la noblesse enrichit par sa fainéantise ;
ce mot de liberté, chargé de sédition et de rébellion, et révolutionnaire de son essence, sera à
jamais honteusement chassé de tous les diction-
naires de la langue française, et remplacé par
ceux de soumission et de servitude, lesquels lui
serviront désormais de synonyme.

ART. III.

Tous les ordres monastiques seront au plustôt

tirés de la poudre des tombeaux où ils languissent ensevelis depuis tant d'années, terrassés par le bon sens et la raison, pour chanter du soir au matin les louanges du Seigneur dans du latin digne des portefaix de Rome, appauvrir la nation horriblement trop riche et trop raisonneuse, et présenter des refuges honnêtes et sortables à nos cadets que nous ruinons par tendresse paternelle.

L'armée des Jésuites que nous méprisons, et dont nous craignons l'odieuse morale et les ruses diaboliques, capables d'enlacer Satan lui-même, et avec laquelle les lois impérieuses de la nécessité et de notre intérêt nous soudent par des liens innombrables, pour arriver à nos fins, et atteindre le but vers lequel l'amour des ténèbres et du bien public nous pousse, sera, disons-nous, divisée en trois bandes :

La première sera composée des plus fins, des plus rusés, de ceux dont l'esprit souple, adroit et délié, arracherait des paroles à un sourd, ferait parler un muet et ouvrir la bourse à un juif; de tous ceux enfin qui jettent le plus grand éclat sur la brillante armée qui marche d'un pas ferme sous les bannières des Thomas, des Escobar, des Scott, des Bonaventure, tenant un éteignoir d'une main et un poignard de l'autre, pour mieux insinuer dans les cœurs leurs excellens principes.

Ils revêtiront toute espèce de costume, l'habit

brodé comme le manteau, l'habit séculier comme le capuchon, couvriront leurs projets et leur serviront, quand besoin sera, pour s'introduire dans la société et y soulever les secrets des familles, la torche de la discorde à la main.

Tous les moyens devenant bons et légitimes pour arriver à un but utile, ils sont autorisés à cacher leurs traits hideux sous tous les masques, et à se parer des manières simples et aimables de la vertu et de la candeur, et à emprunter même le langage des honnêtes gens, pour tromper et frapper plus facilement au cœur leurs victimes.

Seuls, ils seront chargés de l'éducation de la jeunesse, et auront soin de nourrir les tendres ressorts de leur esprit de l'excellente morale de la société, et de l'enrichir de bon nombre d'absurdités, en le faisant succomber sous le poids des erreurs les plus grossières, de manière que les horribles principes de la fatale raison ne puissent jamais se glisser sous la croûte épaisse des sottises dont leurs cerveaux seront accablés.

Sous les drapeaux de la seconde bande marcheront les esprits moins souples, moins déliés ; ceux dont l'éducation plus négligée et les ressources de l'esprit moins étendues présenteront moins de chance de succès. Le cercle de leurs exploits sera borné et resserré dans d'étroites limites : on leur assignera la garde de postes moins périlleux, lesquels ne demanderont, pour obtenir une ample et brillante récolte , que quelque délicatesse dans l'organe de l'ouïe , et une grande force et une grande étendue dans celui de la vue.

La troisième enfin , la plus nombreuse , composée du tiers-état de l'ordre, se répandra par toute la France comme une horrible plaie ; elle sera divisée , sous différens chefs , en plusieurs brigades , toutefois sous la surveillance immédiate d'un supérieur unique ; car la société doit avoir mille bras et une seule tête.

Elle sera dirigée sur les campagnes et les petites villes, sous le titre de missionnaires, de pères de la foi , etc. , et mille autres dénominations qu'on créera selon que besoin se présentera : en outre, elle sera spécialement chargée d'entretenir , et même d'augmenter , si la chose est possible, l'épaisseur du cerveau des bons et simples habitans des champs , et de fournir une abondante nourriture d'erreurs , aux semences fécondes de la bêtise qui germent dans ces durs cerveaux , devenus tuf par la sottise et l'ignorance , dans laquelle ils languissent comme de malheureux parias , retranchés de la société.

## ART. VI.

Tous les efforts du camp des immobiles seront réunis en faisceau, pour arracher incessamment les actes civils des mains des officiers municipaux , pour les remettre dans celles du clergé, afin d'assurer à jamais le repos et l'union des familles en les forçant de se présenter à la bénédiction nuptiale un billet de confession à la main, et à sauver leurs âmes en mourant saintement dans le giron de l'église : moyen excellent pour ranimer et retremper le zèle éteint des fidèles, alimenter la caisse des curés, laquelle, nous le disons les larmes aux yeux et le désespoir dans l'âme, baisse sensiblement et menace de leur commander bientôt impérieusement l'abstinence, parce que nombre de malheureuses brebis égarées par l'erreur aiment mieux garder leur argent dans leurs poches ou l'employer à des œuvres mondaines, que de venir le jeter dans le coffre de leur pasteur et s'exposer à faire passer le secret des familles par la grille du confessionnal.

A R T.  V.

Se hâter de mettre les lois en harmonie avec la Charte, c'est-à-dire en désharmonie, en en jetant au vent les lambeaux déchirés, tout en s'efforçant de prouver, car c'est là le comble de l'art, par de grandes phrases, enflées de grands mots sonores vides de sens, pour étourdir les oreilles trop susceptibles des petites gens, qui sont toujours prêts à faire entendre des plaintes à la moindre petite infraction faite à la justice, que plus on déchire, plus on met en lambeaux le pacte fondamental des lois, plus on lui fait subir d'outrages, plus on en assure l'existence ; comme un médecin dit avec raison à son malade qu'il est bien près de la santé, quand les trésors de sa science l'ont conduit près de son tombeau.

### ART. VI.

Perfectionner la loi un peu révolutionnaire du recrutement, de manière à pouvoir créer à volonté des grades supérieurs pour offrir une consolation à nos cadets ruinés.

### ART. VII ET DERNIER.

Fatiguer les ministres d'importunités et les obséder d'intrigues, pour arracher des coffres de l'état quelques milliards, afin de calmer et de cicatriser un peu par ce puissant appareil les vives blessures de ce pauvre clergé, lequel, les yeux dévotement tournés vers la voûte céleste, crie et demande sans cesse de l'argent ! de l'argent ! pour se mettre à même d'exercer dans toute sa plénitude son vœu d'humilité, logé dans de brillans palais, et se livrer tout entier avec zèle à l'abstinence, avec trois services succulens.

*Nota.* Cet article est un des plus importans, car les intérêts du ciel doivent avoir de beaucoup le pas sur les intérêts mondains, et les immobiles sont priés d'y apporter la plus scrupuleuse attention et toute la maturité de leur jugement.

Fait en présence d'une seule bougie, toutes les autres ayant été éteintes pour se donner un avant-goût des charmes des ténèbres et flatter la vanité du haut baron de la Tour du Nord et du célèbre marquis du Donjon, illustres champions de la féodalité et de l'obscurantisme et qui ne cessent de crier, que c'est dans l'obscurité seule que l'on voit clair, et réclament à grands cris la puissance des éteignoirs, pour étouffer ces trop vives lumières, lesquelles blessent et déchirent la faiblesse de leurs organes.

Plusieurs domestiques sont dépêchés en diligence pour porter ce croquis d'arrêté à toutes les vieilles têtes du faubourg, afin qu'elles veuillent bien le mettre au point de perfection convenable par la sagacité de leurs esprits, et la profondeur de leurs vues, pour qu'il puisse sûrement atteindre le but désiré.

Lorsque ce petit projet de loi aura reçu des doctes toute la perfection dont il est susceptible, nous ne manquerons pas d'en informer le public, croyant en cela nous assurer des droits à sa reconnaissance.

9 782016 110690